PIANTE RITUALISTICHE

TRA RICERCHE E RICORDI

DI

LEILA FLAVIA FERREIRA DA SILVA

(LEILA SILVA)

Naturopata, Master Reiki,
Formatrice Ricercatrice Sprituale

INTRODUZIONE

Semplicemente...

Erbe – Ervas(portoghese)-Herbs (inglese)-जड़ी बूटी (hindi) - עשבי תיבול(ebraico) Hierbas(spagnolo) -Amakhambi (zulu) -Ewebe (yoruba')

Fin dal loro primo arrivo nelle Americhe, gli europei rimasero sorpresi dell'immensa conoscenza che gli indigeni delle Foreste Tropicali e del Nord America avevano delle piante, delle loro proprietà e del loro possibile uso farmacologico e ritualistico.

Gli europei venivano da una società che malapena dominava le formulazioni medicinali galeniche ed alchemiche. La cultura erboristica europea viveva sottomessa, nascosta, sincretizzata ed era nelle mani di alcune caste della Chiesa Cattolica o di piccoli gruppi di donne spesso considerate pazze o streghe.

Così, la sorpresa si trasformò presto in critica esattamente come avvenne per le culture pagane di origine asio-europea. Anche se era abituale ricorrere ai composti pseudo-terapeutici delle erbe europee, non potevano credere alle prescrizioni indigene che, essendo più semplici, si basavano su un numero molto più grande di specie.

Erva Mate

Il tempo si incaricò di dimostrare ai coloni l'importanza di questa immensa conoscenza pratica.

Circa tre quarti di tutte le droghe medicinali di origine vegetale oggi conosciute, sono frutto del perfezionamento delle formule indigene dei vari continenti. Questo grande traguardo è stato riconosciuto nel XX secolo solo in via indiretta: i laboratori farmaceutici di tutto il mondo conducono ricerche a partire da piante ancora usate dai pochi "Indios" sopravvissuti al massacro fisico e culturale della civilizzazione.

Ad esclusione di alcune Rubiacee, non esiste specie vegetale impiegata nella moderna farmacopea di cui le proprietà non fossero già note agli indigeni. Al contrario, ancora oggi essi utilizzano e conoscono molte specie che rimangono sconosciute agli occidentali.

Gli "Indios" avevano messo a punto medicine e

droghe di ogni tipo:

- elmetici come la Ipecacuanha (*Psychotria Ipecacuanha*) molto conosciuto e largamente utilizzato in Brasile e anche dalla mia famiglia in maniera diretta. Mia madre faceva tisane con le radici per noi bambini.

- purganti come la Gialappa (*Ipomoea Purga*) conosciuta in Brasile come "Batata de Purga", la Aspera (*Smilax Aspera*), il latte di Fico (*Ficus Carica*).

- balsami cicatrizzanti dalla Jaborandi(*Pilocarpus Jaborandi*)

- astringenti come la Lantana (*Lantana Camara*) conosciuta in Brasile come Cambará,

- antipiretico come la chinina

- tonici e stimolanti come il Guaranà e Erva-Mate che oggi sono molto utilizzati nella dieta occidentale, ma che in queste culture avevano soprattutto valore sacro.

Ma anche anti-emorragici, regolatori dei disturbi gastrici, colliri, antidiarroici, antidoti, sedativi, afrodisiaci, anticoncezionali, anestetici ecc.

Guaranà

Oltre a queste erbe ad uso curative, ben note erano anche le erbe utilizzabili per produrre veleni per catturare le prede senza lasciare intossicazione all'uomo. Tra queste il Curaro (insieme di estratti d'erbe utilizzate dagli indios amazzonici sulle punte delle loro frecce) e il Timbo (*Erythrina piscidia* o *Piscipula piscidia* utilizzato soprattutto per intorpidire i pesci nella pesca).

Peyote

La farmacopea indigena includeva anche droghe cerimoniali e ritualistiche, alcune delle quali hanno avuto un utilizzo diffuso nel mondo occidentale. Tra queste, le principali sono il tabacco, la coca e il cactus peyote (*Lophophora williamsii*) di origine messicana, e la ayahuasca detta anche "Chá de Santo Daime" (prodotta a partire dalle liane di *Banisteriopsis caapi* e dalle foglie di *Psychotria viridis*) di origine dei popoli Quechua, Inca (Perù, Ecuador, Colombia) e largamente utilizzato in Amazonia da dove è partita la diffusione in Occidente

viene utilizzata in maniera più o meno nascosta a seconda delle interpretazioni legali di ogni Stato.

Una grande parte dell'etnobotanica europea e occidentale è certamente focalizzata sull'utilizzo dei principi attivi estratti dalle piante a fini curativi. In particolar modo nello studio delle farmacopee proprie delle tradizioni mediche più importanti e antiche, come la medicina islamica, quella greco-romana e a seguire medievale europea, fino alla cinese e all'ayurvedica.

Le Donne, chiamate streghe o "curandeiras", esistono nei quattro continenti, ognuna legata alle tradizioni tramandate dalla famiglia o imparate da sè in maniera intuitiva e sperimentale. Sono sempre esistite e, anche se di nascosto, esisteranno sempre.

Sta di fatto che uno dei rimedi più famosi della storia e utilizzato fino alle soglie del XX sec. come panacea per malattie a larga diffusione come la peste, è la Theriaca o Triaca. Un composto creato come antidoto dal medico Andromaco per l'imperatore romano Nerone e derivato da una ricetta ancora più antica, sperimentata sugli schiavi come potente antiveleno dal medico di Mitridate I, Re del Ponto.

Nella Theriaca, a una buona percentuale di carne di vipera, veniva aggiunta una grande quantità di sostanze di origine vegetali(cfr Wikipedia): succo d'acacia, oppio, radice di valeriana e di aristolochia, vino di Spagna, mirra, incenso, miele attico, genziana, liquirizia, anice, cardamomo, finocchio, angelica, cannella, centaurea minore, timo, tarassaco, matricaria potentilla, opoponax scilla, agarico bianco.

Come in passato è accaduto per la Theriaca, le conoscenze di tipo botanico e fitoterapico tramandate per generazioni sono diventate il fondamento della medicina tradizionale dei popoli, fino ad essere codificate in testi scritti: prima tra tutti l'opera monumentale di Dioscoride (I secolo d.C.), che riporta la farmacopea naturale di molte civiltà antiche come quelle romana, greca ed egizia.

D'altra parte i primi preparati derivati dalle piante officinali furono utilizzati fin dalla Preistoria ed erano appannaggio delle donne che già si occupavano della raccolta di piante, radici e frutta per la comunità, mentre l'uomo praticava la caccia e la pesca. Queste competenze erboristiche venivano custodite gelosamente e tramandate di madre in figlia, in modo che all'interno delle piccole società esse potessero ritagliarsi un ruolo di importanti guaritrici. Cercavano di mantenere il "suo potere" di cura, di mediatrici. Erano a stretto cammino nell'ambito sacrale e ritualistico. Le erbe sono sempre state filo di

collegamento col Divino e suoi prodigi guaritori e miracolosi.

Molte di queste tradizioni di saperi misti a simbolismi e credenze sono giunte intatte sino a noi: il melograno ad esempio, simbolo di fertilità e fecondità, un tempo adornava i capelli delle spose romane come pianta di Afrodite; gli stessi attributi si ritrovano anche oggi in tutto il mediterraneo e in medio oriente, dai paesi dell'Islam all'India. In Brasile è conosciuta col nome di Romã ed è usata in bagni di pulizia dei figli dell'Orixà dei Venti Matamba, mentre la sua buccia cotta viene usata come potente vermifugo e in gargarismi contro mal di gola.

Allo stesso modo veniva utilizzato il mirto, anch'esso simbolo di fecondità e buona sorte, le cui corone ornavano le teste delle spose romane il giorno delle nozze, e dei viaggiatori greci in procinto di partire.

Il cipresso, conosciuto in Brasile come "cipreste", ha attraversato i secoli come pianta sacra, dedicata al lutto ed alla vita eterna. Nella tradizione cristiana viene legato al concetto di immortalità, perché il portamento della chioma verticale verso l'alto rappresenta l'anima protesa verso il cielo.

Come tutti sanno, la pianta dell'alloro (olauro) è invece, da sempre, considerata il simbolo della

metamorfosi e della sapienza divina. Dall'antica Roma fino all'epoca napoleonica veniva intrecciato a formare una corona, detta laurea, posta a cingere il capo di uomini illustri come simbolo di gloria e di vittoria.

Da qui il termine "laureato", ad una persona che supera gli studi universitari.

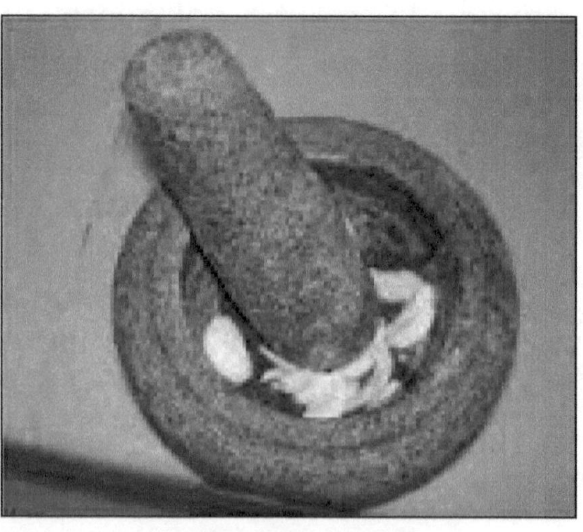

OBBIETTIVO

L'obiettivo di questo testo è di dissertare su il tema dell'uso di alcune piante ritualistiche nella cultura afro-brasiliana, individuando i parallelismi e le similitudini che possa avere con altre tradizioni come nella medicina tradizionale mediterranea, la medicina tradizionale cinese, l'ayurveda, o semplicemente con l'utilizzo comune in torno a me. Nell'intrecciare queste nozioni con l'esperienza diretta dalla mia infanzia ad oggi, cercherò di avere una visione semplicista e unica, come credo sia l'essenza della natura, e di ciò che ci circonda ovunque siamo, dalla Finlandia al Marocco, dal Giappone al Messico, dal Brasile all'Italia.

PRIMA PARTE

"SENZA ERBE NON C'E' AXE'!"
-Questa è la prima grande regola dei culti di origine africana-

Se la "*mata*" (foresta) possiede un'anima oltre il mistero, questa è la foglia che la mantiene viva nella respirazione e che la caratterizza con il suo colore e apparenza. "Kosi ewe, kosi Orisa", dice un vecchio proverbio NAGO: 'Senza foglia non ha Orixa', che può essere tradotto per: "Non si può cultuare Orixa' senza usare le foglie".

La conoscenza empirica della necessità di utilizzare le erbe per entrare in contatto con le entità divine è il primo grande fattore comune di tutte le tradizioni religiose, non solo quelle di origine africane, ma anche di quelle asiatiche, europee, mediorientali.

NON ESISTE ORIXA' SENZA FORZA DELLA NATURA.

Le piante personificano gli archetipi degli Dei, in quanto portano nella loro fisiologia chimica/eterea le caratteristiche necessarie a collegarci al mondo sottile, abitato da Spiriti, Divinità, Entità.

Inoltre con il subconscio collettivo delle varie

civilizzazione hanno preso forma dentro la NON FORMA, ossia nel mondo eterico-spirituale-energetico.

Le nomenclature popolari, anche all'interno degli stessi stati, possono essere diverse. E piante diverse possono essere dedicate a una stessa divinità.

I paje, gli sciamani, i druidi usavano erbe e preghiere per allontanare gli spiriti cattivi. Questa pratica era molto diffusa fino all'intervento dei conquistatori europei, in particolare anglosassoni e romani, che imposero le loro credenze diffondendo, attraverso rappresaglie, sfiducia e paura verso queste pratiche.

La conquista del potere, passava così attraverso il deturpare ogni area sociale, comprese quelle mediche ed esoteriche portando i nativi a nascondere i  propri rituali ed usanze mistiche praticando li in segreto. Le culture che nascevano da queste commistioni, erano culture che venivano sempre a meno le ricerche di Mentori Spirituali e Guaritori. Da li, pian piano si è formato il sincretismo con altre culture, e religioni, spesso con quella più impositiva e rigida: la Chiesa Cattolica.

Le piante sono usate per lavare e rendere sacri gli

oggetti, i locali e le persone che partecipano ai rituali stessi, per purificare la testa e il corpo dei sacerdoti nelle tappe iniziatiche, per curare le malattie e allontanare i mali di tutte le origini.

Il potere delle foglie ritualistiche non è semplicemente quello derivato dalla loro natura. Durante i rituali, l'intervento del potere della Divinità alla quale i credenti, i devoti e i discepoli rivolgono le loro preghiere, i canti, gli incantesimi, opera una trasformazione che ne libera il PRANA-QI-AXE in esse contenuto.

Al giorno d'oggi, a causa dell'urbanizzazione, le foreste sono sempre più lontane e così le erbe possono essere coltivate in orti personali o ricercate nelle erboristerie e, nel caso di alcuni paesi sudamericani o ancora in fase di sviluppo economico, nei grandi mercati liberi e popolari.

Peregum

«Tutti gli esseri del regno vegetale sono importanti per mantenere l'equilibrio degli esseri viventi.
Con vari processi, i vegetali ritirano il PRANA-QI-AXE dalla natura, sia attraverso il sole, la luna, i pianeti, la terra, l'acqua ecc. Sono pertanto, grandi riserve di "eter" vitale e attraverso i tempi l'essere umano ha scoperto queste proprietà. Usiamo i vegetali, dall'alimentazione fino ala magia, sempre trasformando l'energia vitale attraverso processi rituali.»
(Sociedade Espiritualista Mata Virgem- Curso de Umbanda)

COLLETTA

Abre Caminho

E' molto importante raccogliere noi stessi l'erbe, o chi farà il rituale perché il rituale stesso inizia già dal chiedere permesso alla pianta e agli esseri che ne fanno parte.

Già che non abbiamo tutte le disponibilità botaniche di un tempo, nella impossibilità di raccoglierle personalmente o nell'ignoranza delle piante ci si può affidare ad un Erborista di fiducia. In questi casi, trattandosi di erbe essiccate e raccolte in modo sconosciuto, è preferibile "caricare" con maggior intensità e desiderio l'uso dell'erba in modo da recuperare un po' del PRANA-QI-AXE perso nella lavorazione.

Si devono, inoltre, rispettare alcuni orari, gli archetipi planetari, le fasi lunari, i periodi dell'anno in accordo col tipo di rituale, entità o divinità che si va a sollecitare e con la visione etno-filosofica-religiosa all'interno della quale si pratica il rituale.

UTILIZZI

Utilizzo nelle iniziazioni

E' molto comune per i popoli delle Americhe, del Nord Asia e Africa sollecitare l'aiuto di esseri eterei, leggendari o disincarnati al fine di ottenere il potere della cura nei rituali di guarigione.

In alcune culture antiche questi esseri erano chiamati Spiriti e chi praticava questi rituali è tuttora considerato strega, stregone, sciamano, curandeiros, rezadeiras, ma sappiamo che sono forme di espressione che li elevano a uno stato di trance. In questa trance che raggiungono durante i rituali, aumentano la loro capacità di capire le manifestazioni degli squilibri e delle conseguenti malattie.

Nella defumação – fumigazione

Nel Dizionario Brasiliano Aurelio, la definizione di

affumicare è riportata come "*bruciare, esporre sopra le brace, di erbe, resine e radici speziate (rosmarino, benzoino, lavanda ecc.) per profumare ambienti; seccare sotto il fumo; questo stesso bruciare è usato per allontanare malefici e attrarre buona fortuna*".

Quello che il dizionario non dice è che la scienza sta nell'utilizzo dei principi attivi delle piante e delle loro correlazioni energetiche per trasformare modi e registri densi in sottili, alterando tutta la vibrazione dell'aria e della energia dell'ambiente. Il fuoco ha anche un forte aspetto eolico e alchemico, che rimane impregnato nei vegetali messi sopra le sue brace.

Questa è una conoscenza molto antica e anche oggi è utilizzata dalla Chiesa, dagli Umbandistas, dai Rosa Croce, Taoisti, Buddhisti, Tibetani, ecc.

Già nell'antica Grecia i sacerdoti avevano predilezione per le foglie dell'alloro e, nell'Antico Egitto per le foglie della artemisia. Le erbe utilizzate ordinavano le nuove energie.

Nel sacudimentos e descarregos - scossoni e scarichi

Le erbe sono anche utilizzate nella forma di rami e

fasci che vengono "battuti" sulle persone, sugli edifici e sugli oggetti, con l'obbiettivo di staccare le cariche negative e le larve astrali che possono essere attaccate ad essi.

Quando fatto in una residenza deve essere fatto battendo le foglie negli angoli opposti di ogni stanza, formando così una "X". Si inizia dalla camera più interna proseguendo sempre più verso l'esterno.

Quando fatto su una persona o un oggetto, si fa in croce in ordine, frontale, spalle, lato destro e lato sinistro.

Le foglie dopo essere state usate, devono essere partite e messe in un luogo in vibrazione con la Natura, di preferenza direttamente al suolo.

Questo lo faceva mia nonna paterna, Donna Zu. Venivano bimbi piccolissimi in braccio ai loro genitori, oppure ragazzi e adulti. Si lamentavano di malocchio, diarrea, febbre e astenia.

Mia nonna chiedeva i sintomi e perché pensavano che fosse malocchio. Poi senza chiedere null'altro

andava nel suo giardino, raccoglieva 7 belle foglie di Pinhao Roxo e con l'ordine sopra menzionato iniziava le sue preghiere sotto voce. Io osservavo attratta da tutto questo e sentivo malapena che recitava preghiere cattoliche come il Padre Nostro, l'Ave Maria, il Salve Regina e il Credo. Le foglie rimanevano appassite da subito a seconda del "grado" di malocchio, da questo mia nonna valutava già quante volte la persona doveva tornare per scacciare del tutto il male che aveva.

Dopo 3 giorni, solitamente, tornavano per ripetere tutto e ringraziavano confermando la guarigione dopo poche ore.

PINHÃO ROXO (*Jatropha Gossypiifolia L.*)

	Origine	Arbusto dalle Americhe Centrali e Meridionali, dall' India e dell'Africa Occidentale.
	Proprietà	Pieno di un lattice utilizzato per curare ferite, è un emostatico eccellente. Coagula semplicemente il sangue

		e riveste la superficie insanguinata di uno strato tenace. Le bacche posseggono virtù purgative, che si manifestano già nelle dosi da 1 a 3.
	Chimica	Olio bacche da 52 a 57%.
	Caratteristiche:	Seccativo, tossico.
	Acidi grassi:	palmítico e estearico 10 a 17%; oleico 45 a 62%; linolico 18 a 45%; miristico, ecc. 1%
	Indicazioni	Diarrea (specialmente nei bambini), ferite, lubrificazione, saponificazione

Vorrei portare speciale attenzione al fatto che, pur non avendo nessuna conoscenza medica, mia nonna trattava i casi di malocchio sintomatizzato da diarree con il Pinhao Roxo: un forte cicatrizzante, chelante e antidiarroico. La diarrea viene letta come un grande perdita energetica, Quello nel mondo materiale, nei corpi fisici, accade prima ancora nei corpi sottili o ambito energetico. Si può quindi dire che l'uso di questa pianta favoriva la chiusura del buco o dei buchi aurici proteggendo i corpi sottili dagli "attacchi" energetici e addensa il prana, in modo ad evitare la sua fuoriuscita eccessiva e l'astenia.

L'efficacia a livello etereo/energetico di un elemento

(animale, vegetale o minerale) può essere confermata dalle sue caratteristiche scientifico/chimiche. Anche quando queste relazioni non sono immediatamente visibili, se ne può trovare riscontro e correlazione in molte culture distanti geograficamente o nel tempo.

La pianta del Pinhao Roxo, inoltre, ha foglie grandi con tre divisioni. Il 3: numero magico, Triade. Il Cielo (1), la Terra (2) e l'Uomo (3). 1 + 2 = 3. Dunque l'Uomo come risultato della fusione tra Cielo e Terra. Al Numero 3 si collega, l'idea di Creazione (origine, nascita, uscita, esteriorizzazione) verso un insieme completo (anima, corpo e spirito). Tre sono le linee, intere o spezzate, che formano gli otto trigrammi dell'I CHING; tre sono i livelli temporali: passato, presente, futuro; Ancora tre sono i Focolari (o Riscaldatori) in medicina tradizionale cinese che mantengono la vita. Il Tre, per i Celti, è considerato il numero perfetto, triplice manifestazione del Dio Unico, Forza, Saggezza e Amore.

-PINHÃO BRANCO (*Jatropha Curcas L.*)

 Applicata in bagni forti mescolati con l'Arueira (*Lithraea molleoides*), questa pianta possiede il grande valore di rompere incantesimi e in alcune occasioni sostituisce il sacrificio à EXU. I suoi semi sono usati dal popolo come purgante. Il suo lattice estratto dai rami è di grande efficacia se utilizzato su erisipela, ferite ribelli ed ulcere maligne.

Nel "Banho de Ervas"- bagno d'erbe

I bagni d'erba, anche come trattamenti, non sono legati nessuna religione, ma sono nella propria Natura. Se nella Umbanda viene usato parecchio, è perché i propri spiriti disincarnati che si presentano come pretos-velhos, caboclos, crianças ecc., conoscono questi principi e li utilizzano largamente. Suoi principi iniziatici stanno relazionati a loro.

L'erbe detengono grandi qualità di PRANA-QI-AXE che se ben combinati hanno forti poteri di pulizia dell'aura e producono energie positive.

Un bagno di erbe riunisce erbe adeguate ad ogni caso e agisce direttamente sui disturbi, eliminando i sintomi provocati dall'accumulo di energie negative o squilibri energetici.

Medicine come l'ayurvéda (hindu), la medicina tradizionale cinese, la tibetana, lo sciamanesimo, la medicina allopatica e l'omeopatia fanno uso dei ricorsi naturali da tempi. L'uso corretto ed etico opera veri "miracoli della natura".

Possiamo usare l'energia della natura come ausilio nei trattamenti di depressioni, insonnia, ansia, angoscia e una serie di malattie croniche.

Con il buon senso, ovviamente, e con l'accompagnamento medico necessario, trattando lo spirito e il corpo fisico (dato che le malattie si propagano dal perispirito al corpo fisico), noi tutti possiamo crescere come medium e spiriti più coscienti, e per questo, più aperti e liberi.

Vediamo ora, man mano che ho trovato delle erbe utilizzate nella religione Afro-Brasiliana anche delle usanze nella cultura Europea e a dirittura in alcuni casi nella M.T.C.

La Magia delle piante detta anche "*Magia Verde*", raggiunge il suo massimo valore in un giorno ben preciso dell'anno: la notte di S.Giovanni Battista, il 24 giugno, che si ricollega ai festeggiamenti del solstizio d'estate, data importante per la magia delle erbe.

Ogni anno in questo giorno il sole si trova nel punto più alto del cielo, entra nella costellazione del cancro, e le piante assorbono dei poteri particolari.

Tra le 23 e la mezzanotte della vigilia di San Giovanni si raccolgono per tradizione le piante che verranno poi utilizzate nei rituali magici nel corso dell'intero anno: felci, verbena, lavanda, iperico e altre.

Nel "mio" Brasile, si festeggia la festa di Sao Joao, portata dalla coltura portoghese e, con il tempo, mescolata a quella nativa e quella africana. Si mangiano mais (milho) grigliato nel Falò di Sao Joao, o cotto, formaggi e dolci a base di mais. Viene fatto il cosi detto "Palo di Maggio", anche se a giugno, e tutto è accompagnato da canti e danze folcloristiche. Da piccola non capivo, ma sentivo nell'aria fresca della notte stellata che qualcosa di bello e carico succedeva intorno. Sao Joao Batista (S. Giovanni Battista), è stato il messaggero, il precursore, e quando è nato si dice che sua madre Elisabetta abbia avvisato Maria dalla sua nascita, con un grande falò.

Il Mais, invece, è segno di prosperità e abbondanza!

I festeggiamenti di giugno iniziano il 19, giorno di Sant'Antonio patrono dagli innamoramenti, con sortilegi, magie, rituali per attrarre l'amore conosciuto o ancora sconosciuto per "legare" persone a se stessi o ad altri; si prosegue poi con i falò di S. Giovanni il 23/24 e si conclude col giorno di S. Pietro il 29.

PIANTE E RITUALI

MILHO - Mais (*Zea mays*)

Alimento sacro in tutte le culture della America Centrale dalle antichità fino alle conquiste Europee. Diviene sacro anche nelle popolazioni Europee.

La tisana della "barba di mais" è una vecchia medicina per i mali del tratto urinario, come infezioni della vescica o problemi renali, essendo un potente diuretico.

Era molto importante per il popolo Maia. Era tanto un alimento quanto una medicina, cosi come un simbolo della rinascita secondo loro credenze religiose.

Il mais in grani o fatto POPCORN-PIPOCA, è tutt'ora un'offerta molto gradita dagli Orixà e entità dei rituali Africani e ora Afro-Brasiliani.

Azione sopra i Dosha: diminuisce Pita e Kapha, aumenta Vata.

SALVIA: (*Salvia officinalis*)

Bevuta come infuso, è rilassante per i lavori psichici ed allo stesso tempo sviluppa i sensi e la concentrazione. Può anche essere bruciata come

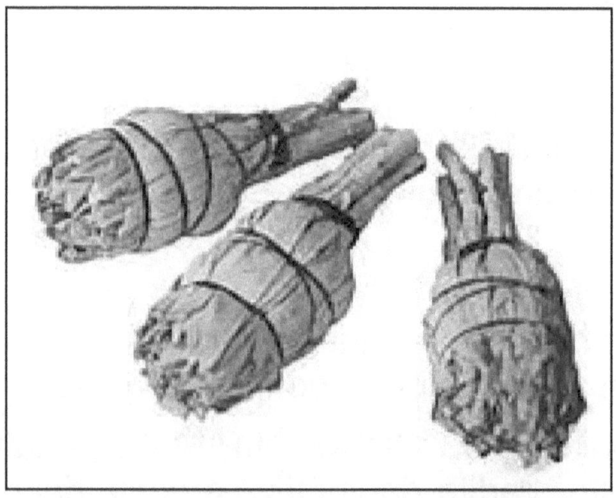

incenso e l'olio può usare per gli stessi scopi. Infondere con quintessenza e elemento acqua. Guarigione, prosperità, saggezza, purificazione, denaro, sono gli scopi ritualistici per cui si utilizza la salvia.

Nella medicina tradizionale cinese viene usata bruciata nella camera, dove una copia desidera la fecondazione, prima dei rapporti sessuali, aiuta e rinforza l'impianto del SHEN del desiderato nascituro. Anche l'uso alimentare ha il medesimo effetto.

Adatto per i Dosha: Kapha Vata, riscaldante.

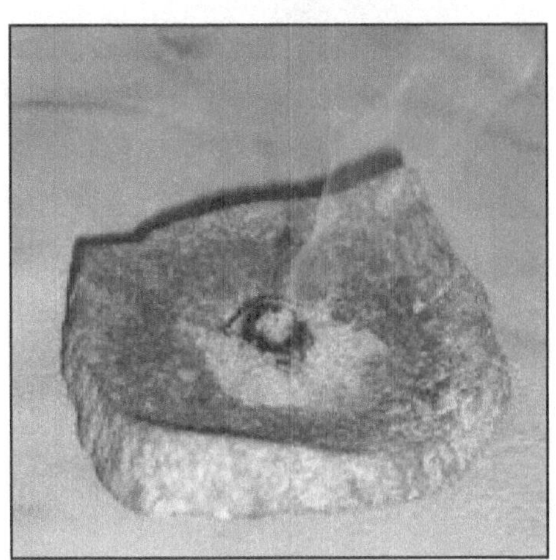

LOURO - Alloro
(*Laurus nobilis*)

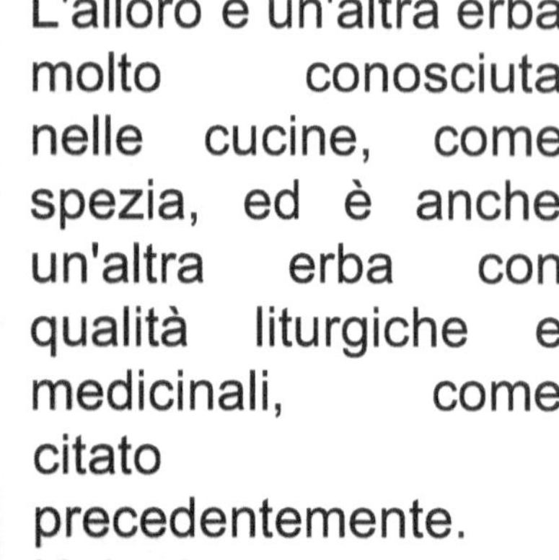

L'alloro è un'altra erba molto conosciuta nelle cucine, come spezia, ed è anche un'altra erba con qualità liturgiche e medicinali, come citato precedentemente.

Nel rituale è molto utilizzato in fumigi e bagni per attrarre prosperità, e fare la "pulizia dei corpi sottili". In forma di tisana, da buoni risultati nel combattere l'assenza di mestruo(amenorrea), mentre le frizioni con l'olio estratto dalle sue foglie sono ottime per combatte la nevralgia e i reumatismi.

Facente parte della coltura popolare dell'Antica Grecia, è collegato alla vittoria. Tutt'ora viene fatto corone ai defunti militari "vittoriosi."

Alcuni imperatori Romani usavano una corona sulla testa come simbolo di saggezza, chiarifica la mente e i pensieri.

Orixás:Yasã/Oya

Adatto per i Dosha: Kapha Vata, riscaldante

MANJERICÃO - Basilico:(*Ocimum basilicum L.*)

Questa erba è buona per tutto, è la migliore definizione per il basilico che è molto conosciuto in cucina. E ha come principale caratteristica liturgica il potere di elevazione spirituale, per questo è molto utilizzato in bagni della corona (7° chakra) amaci.

Orixás: Oxalá, Nana

Chiarisce la mente, pulisce il colon (l'intestino è il secondo cervello in medicina tradizionale cinese) purifica l'aria, riduce febbre e virosi.

Diminuisce Vata/ Kapha e Aumenta Pitta

Uso erboristico: come pianta medicinale, le foglie e le sommità fiorite vengono utilizzate per preparare infusi ad azione sedativa, antispastica delle vie digerenti, stomachica e diuretica, antimicrobica, antinfiammatoria. Il basilico è utilizzato anche contro l'indigestione e come vermifugo. Come collutorio è indicato contro le infiammazioni del cavo orale. L'olio è utilizzato per massaggiare le parti del corpo dolenti o colpite da reumatismi.

Uso ritualistico: si usa nei riti d'Amore, come talismano per favorire la fertilità, con le foglie secche unite al geranio, alla margherita, al papavero, al rosmarino, al chiodo di garofano, alla lavanda, si fanno sacchetti o incensi. Il suo profumo stimola l'amore, l'umore, la prosperità. E' afrodisiaco, dona fascino e prestigio, accentua volontà e l'energia fisica. Una vecchia usanza stregonica, raccomanda di raccogliere il basilico sempre con la mano sinistra. Il basilico è associato a Marte e al giorno di martedì.

ROSAS VERMELHAS - Rose rosse (Rosa della cina, Nikte, *Rosa cinensis*)

Le donne dell'America centrale da molto tempo contano su questa meraviglia, come un ricorso efficace per interrompere il sanguinamento eccessivo del post parto.

Le rose rosse contengono acido tannico, un astringente comunemente trovato in molte piante.

Le donne del Medio Oriente le utilizzano nella produzione di pozioni e sciroppi d'amore.

È una delle basi immancabili più utilizzate in profumeria. Come pianta medicinale si utilizza oltre ai petali, anche le foglie come antidiarroico, i frutti ricchi di vitamina C diuretici, sedativi, astringenti e vermifughi.

In aromaterapia vengono attribuite all'olio di rosa proprietà afrodisiache, sedative, antidepressive, antidolorifiche, antisettiche, toniche del cuore, dello stomaco, del fegato. Le giovani foglie delle rose spontanee servono per la preparazione di un tè di rosa.

In stregoneria la rosa è da sempre associata all'amore e ai sentimenti, è quindi un ingrediente di primaria importanza nelle pratiche magiche. Aiuta l'amore e riequilibra le facoltà psichiche.

I petali di rosa canina vengono usati anche per la preparazione di oli d'amore utili per riti o caricare talismani. Dona serenità e pace se usata nella composizione di sacchetti magici insieme a prezzemolo, alloro, carota, vischio, geranio, margherita, orchidea, papavero, rosmarino; può essere di aiuto per conservare vivo un rapporto d'amore o d'amicizia.

L'incenso di rosa è utilizzato nei rituali d' amore o nella meditazione

Negli incantesimi d'amore, i fiori possono essere inseriti in un pupazzo. Le rose rosse possono stimolare la passione. L'olio di rosa e/o i fiori possono essere usati nei bagni prima dei rituali. Infondere con l'energia dell'orgasmo quando Venere è forte ed in fase crescente. Per amore e lussuria, Venere dovrebbe essere in congiunzione o trigono con Marte.

ALECRIM - Rosmarino
(*Rosmarinus officinalis L.*)

Il rosmarino è una delle erbe aromatiche più antiche, tanto che i Greci e gli Egizi ne conoscevano già le proprietà; oggi è presente un po' dappertutto e non vi è casa di campagna o orto che non ne possegga un cespuglio. Il periodo ideale per la raccolta del rosmarino è la primavera. Gli antichi romani usavano il rosmarino per uso curativo per lenire il mal di denti o slogature e torcicollo, oggi viene usato per curare la colite o la nausea, come rimedio ai dolori reumatici, le fitte cardiache o i problemi di digestione.　　Per favorire e dare ospitalità agli Spiriti Elementali. Aiuta a conservare l'Amore mescolato a agrifoglio, erica, noce moscata, papavero, quercia, tiglio. Potenzia i poteri mentali, facilita il sonno, purifica l'ambiente e conserva la giovinezza. Appendere una coroncina di rosmarino alla finestra è di buon auspicio alle nuove unioni. Fin dai tempi antichi questa pianta ha simboleggiato fedeltà, devozione e amore eterno.

Anche come incenso purifica l'ambiente, specie prima di un rito. Molto usato nella chiesa Ortodossa Greca. Messo sotto il cuscino dona sonni tranquilli e sotto il materasso protegge dagli incidenti. Chi l'indossa conserva la salute e la memoria, combatte la depressione e aiuta a trovare la felicità. Si usa anche negli incensi d'amore e in quelli che stimolano il desiderio sessuale. Il rosmarino è associato al Sole ed al giorno di domenica

Nella cultura Africana, viene usato in bagni di protezione e scarichi.

Nell'Antico Egito era usato nei rituali di purificazione. Oggi usato in rituali di pulizia e magie d'amore.

Nel secolo VI, il Re Carlo Magno decretò che il rosmarino doveva essere piantato in tutti i giardini dell'impero e nelle coltivazioni per protezione.

PALUSTRE (*Rhododendron tomentosum*)

Le sue foglie erano usate come inebriante da diverse popolazioni siberiane e aggiunte dai Vichinghi alla loro birra per rafforzarne gli effetti psicoattivi. Oggi utilizzato in formulazioni omeopatiche anche contro le zanzare.

ESPADA DE SÃO JORGE - Sansevieria
(*Sansevieria trifasciata*)

Oltre al suo utilizzo ornamentale, le SPADE DI SÃO

JORGE, sono anche conosciute per piante di protezioni contro malocchio, dovendo essere messe in prossimità all'entrate delle case o stabilimenti liturgici, come veri soldati armati contro il nemico energetico.

Nelle religioni Afro-Brasiliane, è anche chiamata Spada di Ogum (quando ha colore verde) o Spada di Oxossi (bicolore, con i bordi gialastri). Questa foglia sacra è una foglia Gun – eccitante – calda, sempre presente nei rituali di Sassanha e nella produzione di Acque Sacre denominate da ABÔ. D'accordo con ricerche scientifiche, la *sansevieria trifasciata*, pulisce dell'aria il benzeno, metanal(formolide), tricloroetileno, xileno e toluene. Produce, addirittura ossigeno di notte. Perfetta da tenere in camera da letto, come guardiana anche nella nostra fase onirica.

Anche questa pianta faceva parte della mia infanzia

sempre presente a casa di mia nonna, mamma, parenti e conoscenti.

CONCLUSIONE

Le piante arrivano, dove (nella zona geografica) e quando (nel periodo storico) è stata necessaria la guarigione, in casi di malattie croniche sociali o epidemie; e come esseri di connessioni tra la materia e la non-materia, di energia sacra e profana che ci da

la possibilità di stendere

il filo che ci può condurre allo stato di guarigione animica e di conseguenza fisica e psichica.

Crema fatta da me a base di cera d'api e oleoliti vegetali

Loro portano l'equilibrio: Yin-Yang (filosofia della medicina tradizionale cinese), Bene-Male (filosofia Cattolica), Azione Reazione/conseguenza (leggi Della Ayurveda -Kharma).

Siamo tutt'UNO, e quello che ci è stato dato attraverso la natura è l'opportunità di RI COLLEGARSI, a questo UNO.

Che sia stato interpretato dalle varie e differenti culture ed epoche diverse, ci porta solo alla mia personale conclusione di fatto, che l'uomo essendo in costante movimento evolutivo ha il bisogno anche di diverse forme, linguaggi, simboli, che ci consenta di contattare le differenti prese di coscienza e consapevolezza esistenti su questo piano realistico planetario il quale ci troviamo INSIEME nel momento.

"E anche in questo abbiamo bisogno come esseri dualistici, dell'opposto: siamo SIMILI ma DIVERSI.

INSIEME in questo piano, ma SEPARATI dalle singolarità.

UNICI ma facenti parte di una stessa ENERGIA GLOBALE, COLLEGATI.

Solo così, in presenza del collegamento, siamo sani e l'utilizzo dei nostri "fratelli pianta" non è più necessario." (Cit. KABK)

* Per la Pulizia si usa sempre l'erbe in numero dispare

* Per l'energizzazione si usa sempre l'erbe in numero pare (o nel numero dell'Orixa')

* Nei bagni di scarico se si usa erbe di fuoco e terra, il bagno dovrà essere effettuato dal collo in giù

* Nei bagni astrali o energetici che si usa erbe di acqua e aria, gli stessi devono essere fati dal capo ai piedi.

* L'erbe di Oxalà sono blande e attuano come riequilibranti.

* Nei bagni di fissazione sono usate erbe nel numero dell'Orixa'. Si possono aggiungere l'erbe di Oxala' per ablandare o equilibrare energie.

* Le foglie di: urtiga (ortica), pinhão roxo, pimenta (peperoncino), tiririca do brejo, joá, dólar, capim de exu e bananeira (albero di banane) sono di Exu e non possono essere usate per bagni, soltanto per energizazione di assentamenti di Exu.

* Arruda, Pinhão Roxo, Espada de Ogum, Espada de Santa Bárbara, Aroeira, Olho de Santa Luzia, Pau de Alho non si usano per bagni

* Palo di Aglio può essere usato in casi di vampirismi, conosciutissimo anche dalle fiabe e leggende di vampiri, veramente allontana parasiti intestinali e anche energetici.

FONTI DI RICERCA/BIBLIOGRAFIA

- Utilizzo personale familiare
- Internet:
    - plantasquecuram.com.br
    - terramistica.com.br/index.php?add
    - cabocloaymore.com.br/ervas.htm
    - ocandomble.wordpress.com/ervas
    - povodearuanda.wordpress.com
    - http://samorini.it/site/documentazione/bibliografia-italiana/allucinogeni-etnobotanica/#sthash.IbZlp8hC.dpuf

- Tesi di Post Graduazione e Dottorato
    - Freire, Akila Macedo.(sd) *Plantas Medicinais e Ritualisticas comercializadas nas Feiras e Mercadoes do Norte e Nordeste do Brasil* , Brasile
    - Stalculp,Mary Margaret (2000) *Plantas de uso Medicinal ou Ritual, Numa feira livre do Rio de Janeiro*- Brasi.

- Libri e riviste
    - Uso de plantas com fins medicinais. *Revista Brasileira de Plantas Medicinais* 4(1) 2004

o Caballero, J. (1979)La Etnobotanica: tres puntos de vista y uma perspectiva. XALAPA, INIREB Pp 27-30

o Padre Clemente J. Steffen S.J.(2010) *Plantas Medicinais, Usos populares tradicionais* . Istituto de Pesquisa UNISINOS

o Magia delle Erbe, Storia, Folklore, Incantesimi La guida della Stregha Moderna, - The Folklore of Plants di T.F. Thiselton-Dyer – Elfi Edizioni 1889

www.ingramcontent.com/pod-product-compliance
Lightning Source LLC
Chambersburg PA
CBHW051126250726
48655CB00007B/2901